AF357424

NOUVEAUX ÉLÉMENS

DE

STÉNOGRAPHIE.

NOUVEAUX ÉLÉMENS

DE

STÉNOGRAPHIE,

À L'USAGE

DES MAISONS D'INSTRUCTION, DES ÉTUDIANS ET DES JOURNALISTES,

PAR G. COUVRAT,

Maître de Pension.

PARIS,

LIBRAIRIE DE P. DUPONT, RUE DE GRENELLE,

HÔTEL DES FERMES.

—

1846.

Périgueux. Imprimerie DUPONT.

PRÉFACE.

Contrairement a ce qui a lieu, en général, pour les ouvrages d'art ou de science, ce traité doit très peu à ceux qui l'ont précédé ; non que l'auteur se soit fait un système de ne rien imiter, même de bon ; mais parce que la nature de ses abréviations a exigé de lui une création complète et radicale. Du reste, il doit l'avouer, et ce sera l'opinion de tous ceux qui ont demandé à des traités la connaissance de la sténographie, les publications qui ont paru en ce genre sont d'une imperfection de fond ou de forme, ou bien d'une obscurité telle, qu'il n'a point dù songer à les prendre pour base ou pour modèle de la sienne. Il a la conviction que si un art aussi utile que celui d'égaler par l'écriture la rapidité de la parole est encore si peu répandu, et ne se pratique guère qu'à Paris, où les sténographes se forment aux leçons directes et orales des maitres, cela tient à ce qu'ont de défectueux d'abord les systèmes, mais surtout l'exposition des systèmes qui se sont succédé en si grand nombre depuis une trentaine d'années. Le sien vaut-il mieux au fond que tous ceux de ses devanciers? L'auteur, sans doute, croit, avec la conscience de son œuvre, être parvenu à un degré d'abréviation presque toujours double et dans certains cas triple ou quadruple de ce qui a été réalisé encore. (*Voir dans la deuxième partie de ce traité la méthode d'abréviation, qui dispense d'écrire au moins la moitié de la prononciation des mots, et presque toujours davantage.*) Mais il appartient au lecteur et au praticien de détruire ou de confirmer cette prétention; au praticien surtout, car, en fait de procédés graphiques, l'expérience seule doit prononcer; et non-seulement on ne peut bien juger *à priori* du mérite de ces procédés, mais il est souvent assez difficile de les comprendre sans en faire directement l'essai.

Si l'auteur doit se montrer réservé au sujet de la valeur de son invention, il lui est permis du moins de faire ressortir ici tout ce qu'il s'est attaché à mettre de méthode, de logique, de simplicité et de clarté dans son exposition et dans l'exécution typographique. Il a voulu initier chacun aux raisons de ses procédés; il n'a point seulement écrit pour les sténographes formés; il s'adresse surtout à ceux qui n'ont aucune notion de l'art, et se met à la portée des moins ingénieux. Comme cet ouvrage a principalement pour objet l'enseignement dans les maisons d'instruction, il l'a composé tout entier dans cette vue, en professant une grande prédilection pour les démonstrations qui s'adressent aux yeux; et il est convaincu que pour tout le monde son livre ne perdra rien à être élémentaire. Il supplie les chefs des maisons d'enseignement et leurs professeurs, pour la direction desquels il a placé des instructions à la fin de ce traité, d'essayer dans leur classe une tentative, couronnée du plus heureux succès dans l'établissement que dirige l'auteur avec son frère. Il leur affirme que rien n'est plus facile ni moins long que d'y enseigner la sténographie, non-seulement sans la savoir pratiquement, sans perte de temps, sans inconvénient, mais même avec une économie de temps et d'autres avantages considérables. Il garantit qu'au bout d'un ou deux ans les élèves pourront sténographier, ainsi que l'ont fait les siens cette année, les discours de la distribution des prix, et acquérir, sans s'en apercevoir, un talent qui leur sera du plus grand secours dans les classes des colléges, aux cours des facultés, et plus tard peut-être dans la vie publique.

Voici un extrait d'une lettre que M. Guillaume, inspecteur d'académie, écrivait à l'auteur, après une inspection dans son établissement, où il avait été témoin de plusieurs exercices sténographiques ; c'est lui qui a fait naître et encouragé l'idée de la publication de ce traité :

« Je me plais à reconnaître que non-seulement les
» perfectionnemens introduits par vous dans l'art sténo-

» graphique sont très ingénieux, mais que, d'après les
» expériences de votre méthode, faites sous mes yeux,
» celle-ci atteint sûrement et complètement le but que
» doit se proposer tout inventeur en ce genre, l'écri-
» ture rapide comme la parole et la lecture facile de
» ce qui a été écrit sténographiquement. »

ERRATA :

Page 28, ligne 25, au lieu de :

X. — 59. — *L'e au commencement*, etc.

Il faut lire :

X. — 59. — *L'e suivi de x au commencement*, etc.

Page 41, à la 4e ligne du n° 80, après le mot : *Il faudra*, ajouter : *La faire aboutir à une place sans signification relativement
aux règles de ce traité, ou délier*, etc.

Page 44, à la fin du premier alinéa, après n° 68, *lisez : et celles
des verbes du n° 82.*

ÉLÉMENS

DE

STÉNOGRAPHIE.

OBSERVATIONS GÉNÉRALES.

1. — La sténographie est un genre particulier d'écriture dont la célérité permet de recueillir les paroles d'un orateur au fur et à mesure et aussi vite qu'il les prononce. Elle diffère de l'écriture ordinaire en ce que les caractères en sont beaucoup plus simples, plus faciles à lier entre eux, qu'elle néglige l'orthographe et fait un plus grand usage des abréviations.

2. — Elle écrit les sons des syllabes tels que l'oreille les perçoit. Elle n'a qu'un signe unique pour les sons identiques, quelles que soient les lettres qui les représentent dans l'écriture commune, et ne tient nul compte de celles qui ne sont point prononcées. Ainsi *eau*, substantif, et *o*, interjection, donnent lieu à la même formule sténographique. Ainsi *sculpteraient* s'écrit comme s'il était orthographié *scultré*.

3. — Les consonnes n'admettent qu'une seule articulation, celle que rappelle le nom moderne donné à ces lettres. Ainsi *g* se prononce toujours *gue*, jamais *je*. S'il fallait écrire *image*, la sténographie orthographierait *imaj* ; l'orthographe ordinaire

signifierait *imagué*. Ainsi *cesser*, *Dalmatie* s'écriront *sésé*, *Dalmasi*, pour ne pas avoir *quessère*, *Dalmati-é*.

4. — Nous prévenons donc que, dorénavant, en parlant des mots ou des syllabes, nous n'attacherons à ces mots ou à ces syllabes aucune idée d'orthographe, et ne nous occuperons que des sons qui en sont la représentation, tels que les fournit la prononciation de la bonne société.

PREMIÈRE PARTIE.

EXERCICES PRÉPARATOIRES.

5. — Nous allons développer dans ce chapitre un système de sténographie complet par lui-même, simple et d'une intelligence facile, mais qui ne forme que la première moitié du système général, objet de ce traité. Il a sur la plupart des méthodes tachygraphiques accréditées dans la publicité l'avantage de dispenser d'écrire les voyelles médiales et finales qu'on indique par la direction des consonnes. Il est donc plus expéditif que ces procédés. Nous conseillons beaucoup à nos lecteurs de s'y perfectionner avant d'aborder l'étude de notre seconde partie, qui n'est, en quelque sorte, qu'un mode d'abréviation extraordinaire appliqué à ce système ; du reste, il peut suffire seul dans la plupart des cas et s'apprendre en peu de temps, ainsi que l'auteur en a fait l'expérience dans une classe dont il est professeur ; il faut seulement ne point se laisser décourager par la lenteur des premiers exercices. Le succès est là tout entier. (*Voir à la fin de ce traité la manière de former des sténographes.*)

6. — Nous recommandons qu'on se garde avec grand soin de nous juger d'après l'inspection de nos signes littéraux.

L'alphabet ci-dessous ne donne absolument aucune idée de la célérité de nos procédés.

Alphabet.

7. — Tous les sons de la langue, abstraction faite des voyelles longues (et elles peuvent, chose fort inutile d'ailleurs, s'indiquer par un renforcement du trait qui représente les brèves correspondantes), seront facilement rendus par les caractères suivans :

VOYELLES

Simples.	Nasales.	Composées.
a...............	an, en.	
é, è, ai......	in, ain.......	eu.
i.		
o, au.........	on.	
u...............	un, eun.....	ou.

CONSONNES.

Muettes.	Sifflantes	Liquides.	Mouillées.
b.	j.	l.	ll.
p.	ch.	m.	gn.
c.	s.	n.	
g.	z.	r.	
d.	x.		
t.			
f.			
v.			

8. — Nous ajoutons à ce tableau celui des diphthongues, non que leurs signes simples soient indispensables dans les premiers exercices (1), mais pour que tout le système puisse être embrassé d'un seul coup d'œil et consulté au besoin sans recherches pénibles. Nous reprendrons les voyelles déjà signalées, parce que leur analogie avec les diphthongues fournira un moyen naturel de classer ces dernières et d'en retenir les caractères.

TABLEAU GÉNÉRAL

Des voyelles simples, composées et nasalés, et des sons des diphthongues presque uniquement employées dans la langue française.

a	é	i	o	u
	eu			ou
an	in		on	un
ia	ié	aï	io	ué, oué
ian	ien		ion	uin
	oi	éi		ui
	oin			uant, ouant
	ieu			ua, oua

(1) Les diphthongues pourraient s'écrire avec les voyelles qui composent leur prononciation. Ainsi *oi* s'écrirait *oè*, d'après Napoléon Landais, et de même pour les autres.

OBSERVATIONS MNÉMONIQUES.

Voyelles et Diphthongues.

9. — A la seule inspection du tableau des voyelles et diphthongues, on peut s'apercevoir qu'il ne renferme au fond que trois signes différens, savoir : une ligne droite très petite et deux lignes courbes à double concavité, dont l'une est une sorte d'accent circonflexe ⌣ , tel qu'on le trouve dans les auteurs grecs, et l'autre un petit *s* ⸱ privé de ses deux extrémités. On comprend donc que la signification de ces lignes dépend tout entière de leur position horizontale, verticale ou oblique dans l'un ou l'autre sens, et de la boucle par laquelle on les termine.

10. — La boucle qui termine les voyelles ou diphthongues courbes (la boucle se forme à la fin de la lettre à laquelle elle appartient, voyelle ou consonne) marque toujours un son nasal, comme on le voit dans *ien, ion*. Mais, pour les voyelles ou diphthongues à lignes droites, elle n'indique un son nasal qu'autant qu'elle se fait en-dessus, ainsi qu'on peut le voir dans *in*, qui ne diffère de *eu* que par la position opposée de la boucle.

11. — Des deux diphthongues formées avec le signe de l'*i*, aucune, malgré la boucle, n'a le son nasal ; ce qui du reste n'est point une dérogation à la règle que nous avons posée.

12. — Les cinq voyelles simples sont représentées par les cinq signes les plus courts que puissent fournir les moyens graphiques. L'*a*, qui est la première voyelle de notre alphabet, a pour caractère la ligne qui de toutes se présente la première et le plus naturellement à l'esprit, la ligne droite horizontale _ . L'*e*, qui est la seconde, est représenté éga-

lement par une ligne droite, mais oblique, dans le sens de la direction de l'*e* écrit à l'anglaise ╱ . L'*i*, c'est la ligne droite verticale, c'est l'*i* de la typographie, moins ses accessoires │ . La ressemblance de l'*o* avec l'*a* explique pourquoi l'espèce d'accent circonflexe qui en est le symbole a la position horizontale ⁀ . Quant à l'*u*, il est représenté par la seule ligne droite simple dont il nous reste encore à disposer, je veux dire l'oblique de gauche à droite ╲ .

13. — L'*e* muet n'a point de caractère, parce que la seule prononciation des consonnes y supplée.

14. — *Eu* prend le signe de l'*e* bouclé en-dessous, à cause de la ressemblance de sa prononciation avec celle de cette lettre ╱ . *Ou* n'est qu'un *u* un peu allongé ╲ , parce que dans presque toutes les langues, *u* se prononce *ou*, et que d'ailleurs, alors même que, dans la rapidité de l'écriture, on mettrait *ou* pour *u*, et réciproquement, il n'y aurait pas de confusion possible.

15. — Les voyelles nasales *an*, *in*, *on*, *un* s'écrivent avec les voyelles *a, e, o, u* bouclées en-dessus, comme il suit : ⁀, ╱, ⁀, ╲ . On comprend sans peine pourquoi *in* s'écrit avec un *e* et non avec un *i*.

16. — Les diphthongues sont imitées, du moins quant à l'inclinaison, du signe de l'une des voyelles dont le son entre dans leur prononciation. Ainsi *ia* prend le signe de l'*a* avec la boucle en-dessous ⁀ ; *ian* se fera plus grand que *an*, ⁀ ou prendra la double boucle ⁀ .

Les diphthongues imitées de l'*e* sont *ié* ╱ petit *s* penché à droite ; *ien*, même signe bouclé ╱ ; *oi* ╱ et *oïn* ╱, mêmes signes respectivement que les deux précédens, mais avec des ouvertures en sens inverse ; *ieu*, qui n'est que le signe de *eu* dans de plus grandes dimensions ╱ .

Pour éviter toute confusion, l'*i* n'a fourni que les deux diphthongues *ai* ⌞ et *éi* ⌝ , et l'o que *io* ⌣ , signe symétrique de l'o et *ion* ⌣ formé du précédent.

L'inclinaison de l'*u* a été adoptée pour *ué* ⟍ , *oué* ⟍ , analogue à *ié* et formé du *s* comme lui ; *uin* ⟍ , son qui est dérivé de *ué* et représenté par le signe de ce dernier bouclé ; *ui* ⟍ , analogue à *oi* et écrit comme ce dernier, inclinaison à part ; *uant* ⟍ , *ouant* ⟍ , signes de *oin* avec une inclinaison inverse ; quant à *ua* ⟍ , *oua* ⟍ , c'est un *u* bouclé en-dessous.

17. — Nous devons ajouter ici comme une observation très importante qu'il faut de bonne heure prendre l'habitude de donner le moins de dimension possible aux caractères des voyelles , pour ne les confondre jamais dans la lecture avec les consonnes, qui doivent être faites très sensiblement plus grandes que ces dernières , au moins trois ou quatre fois.

CONSONNES.

18. — Contrairement à ce qui a lieu pour les voyelles, la position ou direction des consonnes , les liquides exceptées , est complètement indéterminée en principe général. Aussi avons-nous dans notre alphabet présenté chacune de ces con-sonnes dans quatre situations différentes. Dans le système transitoire dont les élémens précèdent, cette direction dépend de la voyelle d'après ; mais, dans notre système général, elle dépend de la consonne qui suit ; tout ceci sera expliqué en son lieu. On entend d'ailleurs par direction d'une lettre celle de la ligne droite passant par ses extrémités. Exemple : ⌣ .

Muettes.

19. — Le *b* est représenté par la ligne droite , qui, dans une position verticale, a une certaine ressemblance avec lui.

Le *c* a la forme du *c* ordinaire, moins ses extrémités. Sa courbure est très légère ; son ouverture doit toujours être à droite dans sa direction verticale, ou en bas dans toute autre situation, pour qu'on ne puisse le confondre avec le *d*, qui est aussi une ligne légèrement courbée, mais dont l'ouverture se trouve en sens inverse de celle du *c*, c'est-à-dire à gauche ou en haut dans les mêmes circonstances que le *c*. Le *f* est un *d* très courbé, une espèce de demi-rond. Nous réservons le demi-rond en sens inverse, c'est-à-dire celui dont l'ouverture aurait la même direction que celle du *c*, pour un usage ultérieur. Les consonnes *p, g, t, v,* qui complètent, avec les précédentes, l'ensemble de celles que les grammairiens appellent *muettes*, et dont la prononciation est similaire respectivement à celle des consonnes *b, c, d, f,* se forment, le *p* avec une boucle à la fin du *b*, quelle que soit la direction de la lettre, le *g*, le *t* et le *v* avec une boucle à la fin du *c*, du *d* et du *f*. Et, à ce sujet, nous devons faire observer que, dans l'écriture cursive, les sténographes ne différencient les *b* des *p*, les *d* des *t*, les *c* des *g*, les *f* des *v*, et, en outre, les *s* des *z* et les *j* des *ch*, qu'en donnant, autant que possible, des dimensions un peu plus grandes à celles de ces consonnes que nous avons caractérisées par la boucle. Nous userons provisoirement de cette licence très abréviative. La ressemblance de ces articulations assimilées par leurs signes est telle qu'il ne saurait en résulter de confusion, dès qu'on aura acquis un peu de pratique. Mais notre système général (2ᵉ *partie*) exigera l'emploi des boucles, du moins dans les premiers exercices. Le sens de direction de ces boucles est idifférent pour les consonnes.

20. — Les sifflantes ont la forme : le *s*, du *s* ordinaire, moins ses extrémités (; le *z*, de la même lettre avec une boucle (; le *j*, d'une ligne à courbures inverses des précédentes) , et le *ch*, du *j* bouclé) . *(Voir, pour les boucles,*

l'observation du n° précédent.) Quant au x, il se fait par une ligne droite brisée au milieu   , ou par les deux lettres *c, s,* qui en composent l'articulation.

Liquides.

21. — Ces lettres doivent être aussi petites que les voyelles, pour ne pas être confondues avec d'autres consonnes. Elles ont une position déterminée. Il est sans utilité, pour le but que nous nous sommes proposé, qu'elles aient le caractère de direction variable des autres consonnes. Leurs signes sont un petit demi-rond dans les quatre positions tranchées qu'il peut affecter : le *l* a l'ouverture en bas, le *n* en haut, le *m* à gauche et le *r* à droite. La figure suivante rappellera facilement ces quatre lettres   .

22. — Les mouillées *ll* et *gn* sont le *l* et le *n* bouclés à la fin ; mais le plus souvent on les écrit comme le *l* et le *n* simples.

23. — Dans notre système transitoire, avec suppression des boucles, mais seulement à cette condition, le *l* et le *r,* alors que ces lettres sont la continuation d'une consonne, ce qui arrive presque toujours, les voyelles médiales n'étant pas écrites, se feront avec avantage : le *r,* par une boucle en-dessus de la consonne qui la précède, quand cette consonne est oblique ou horizontale ; à gauche, quand elle est verticale ; et le *l,* par la boucle dans la position opposée. Exemple : *Br*   ou   ou _ , *bl*   ou _ ou   . Quand il s'agit d'une consonne courbe, on la considère comme si elle était redressée dans la position de la ligne droite passant par ses deux extrémités, et qui marque la direction de cette consonne, et on fait les boucles en conséquence. Ainsi, *fr* pourra, suivant la direction qu'imprimera au *f* la voyelle supprimée entre lui et le *r,* s'écrire   ,   ,   ; *fl* sera

représenté par ⌣ , ⌣ , ⌐ . Cette boucle pourra d'ailleurs se faire aussi grande qu'on le voudra pour sa commodité et suivant les circonstances ; mais il faudra éviter cette licence.

Si l'on avait à écrire *ar*, il serait nécessaire de former le *r* à la manière ordinaire ⌐ , car ⌐ signifierait *an*. Il en est ainsi toutes les fois que *l* ou *r* suivent immédiatement une voyelle *écrite*, à moins qu'on ne se dispense, à l'exemple d'un grand nombre de sténographes, d'indiquer la nasalité des sons, ce que nous ne conseillons pas.

24. — Les avantages considérables qui résultent des observations contenues dans le numéro 23 pour la rapidité de l'écriture ne peuvent s'appliquer à notre système général avant qu'on ait acquis une habitude de la sténographie assez grande pour pouvoir se dispenser de caractériser par des boucles les lettres similaires. Comme les abréviations que nous offrirons au lecteur dépasseront son attente, nous osons le dire, nous le supplions de ne point se créer à plaisir, par une impatience mal entendue, des difficultés qui ne sauraient manquer de le dégoûter d'un art non moins facile qu'utile, pourvu qu'on l'apprenne avec méthode et par gradation. Nous ne présentons point ici une vaine théorie. Nous formons des élèves depuis cinq ou six ans. Nous avons notre expérience de professeur, non-seulement en sténographie, mais dans d'autres enseignemens, et nous avons le droit d'être cru dans nos conseils. En voici quelques-uns dont nous engageons à tenir le plus grand compte :

Qu'on fasse, ainsi que nous l'avons déjà recommandé, les voyelles et les consonnes liquides très petites et les autres consonnes beaucoup plus grandes : ceci est d'une importance de premier ordre.

Qu'on porte toute son attention sur les conditions de courbure établies plus haut. Au commencement, on fera peut-être avec quelque difficulté certaines lettres en montant ; on donnera la double courbure aux lettres à courbure simple ; on commettra plusieurs autres erreurs dont l'effet sera de rendre la lecture très pénible. Mais avec un peu d'application et de persévérance, on corrigera sans peine tous ces défauts, qui, passés à l'état d'habitude, ne pourraient plus être extirpés et feraient de détestables sténographes.

Quand on commencera à s'exercer, qu'on se crée donc d'abord, au dépend de la célérité, une bonne routine, et qu'on renonce absolument à l'écriture cursive jusqu'à ce qu'on écrive parfaitement à main posée.

25. — Passons maintenant à l'agencement des signes de cette méthode.

Nous avons annoncé qu'elle dispensait d'écrire les voyelles médiales et finales. On obtient ce résultat, en général, en donnant à chaque consonne la direction qui la met dans la situation qui caractérise la voyelle qui suit. Ainsi, pour écrire *ba*, on fera le *b* dans la direction l'*a* _ , comme suit _ ; *bé* s'écrira / , *bi* , *bu* . Observons que *é*, *i*

u, s'indiquent par la direction de la consonne de haut en bas. *Ou*, *o* et *e* muet prendront respectivement la direction de *u* \ , *i* , *é* / , mais dans le sens de bas en haut, et de manière à faire la consonne comme se fait, en remontant, dans l'écriture ordinaire, la partie de la lettre qu'on appelle

le *délié*. Exemple, *bou* \ , *bo* | , *be* / . *Eu* s'écrira comme l'*e* muet. Si, vers la fin d'un mot, cette orthographe n'était pas suffisante, il faudrait faire le signe de *eu* / à la suite de la consonne. Toute consonne prononcée et non suivie immédiatement d'une voyelle ou diphtongue est censée suivie d'un *e* muet.

Initiales, les syllabes où entrent *é, i, u* se dirigent, comme on voit, en-dessous de la ligne d'écriture ; celles qui sont formées de *ou, o, e* ou *eu*, en-dessus. Mais, comme dans une sténographie rationnelle, toutes les lettres d'un mot ne doivent faire qu'un monogramme tracé d'un seul jet de plume et sans solution de continuité, on aura souvent à écrire, à la suite de syllabes dirigées en-dessous de la ligne d'écriture, d'autres qui sembleraient, d'après ce qui précède, devoir être formées en-dessus ou réciproquement, comme, par exemple, *Bude*, qu'on écrit ⌣. Il faut remarquer que la situation des syllabes non initiales, en-dessus ou en-dessous de la ligne d'écriture, est tout-à-fait indifférente, et qu'il suffit, pour les caractériser, de connaître le sens de direction de haut en bas ou de bas en haut, par rapport au point de départ de la lettre qu'on trace. Or, ce sens est parfaitement indiqué par leur continuité même avec la dernière partie de la syllabe précédente, pourvu qu'on sache où commence le mot, ce qui est toujours facile, puisque chaque mot commence à la ligne d'écriture, près du mot précédent, et que d'ailleurs la forme des pleins et des traits signale suffisamment la marche de la plume. Quand on écrit avec un crayon, il n'est pas aussi facile de reconnaître sa marche. Mais il est inutile d'insister là-dessus.

26. — La voyelle ou diphthongue initiale, c'est-à-dire se trouvant la première syllabe du mot, ne se supprime pas.

Exemple : *assez* ⌐ , *Eubée* ⌐ , *oiseau* ⌐

27. — Des diphthongues médiales, on n'écrit que la partie qui se prononce le plus, et cela au moyen de l'inclinaison de la consonne. Exemple : *toiture* ⌐ (totur).

Nous nous hâtons de déclarer ici que ces sortes de mutilations des mots ne nuisent en rien à la facilité de la lecture, les mots, à un très petit nombre d'exceptions près, étant toujours faciles à lire, dans un sujet suivi et avec des lettres bien indiquées, même après la suppression complète et absolue de toutes leurs voyelles médiales, et nous devons ajouter que nous nous proposons de faire dans la suite un ample usage de ces suppressions.

Quant aux diphthongues de la fin des mots, il faudra généralement en compléter le son à demi donné par la situation de la dernière consonne, parce qu'un mot sans les voyelles qui en sont la dernière syllabe est souvent aussi peu lisible que sans celles qui le commencent. Exemple : *Bottier* .

Ces explications données, et pour n'avoir plus aucune voyelle dans le corps des mots, nous supprimerons, sans le moindre inconvénient, toutes les voyelles médiales qui, venant après les liquides, ne peuvent être indiquées par ces

lettres invariables de situation. Exemple : *Connaître*
(co-ne-tre). Ces sortes de mots écrits en consonnes se retrouvent sans peine par la prononciation seule des consonnes qui les composent, et sans le secours d'autres voyelles que des *e* muets associés à leur articulation naturelle.

28. — Les noms propres peu connus, les noms scientifiques peu usités, et quelques mots de notre langue en petit nombre, tels que *croyance, créance, voyelle,* ne comportent point les abréviations énoncées plus haut, et s'écrivent avec toute leur prononciation. Il sera bien, quand on le pourra, de signaler les noms propres par quelque particularité de trait ou de proportion à la première lettre du mot, par un renforcement marqué du commencement de cette lettre, par exemple.

29. — Les observations suivantes ont pour objet de faciliter l'écriture ou d'aplanir certaines difficultés qui se présentent quelquefois.

30. — La plupart des sténographes ne marquent point dans la pratique le son nasal des voyelles. Par imitation de leur exemple, nous l'indiquerons seulement par un renforcement de trait à la fin de la consonne qui le précède ou au commencement de celle qui le suit. Exemple : *Santé* . Il faudra, quand il sera final, employer la boucle.

31. —Comme nous n'écrivons point les voyelles médiales, on pourra donner aux consonnes du milieu des mots de petites proportions, puisqu'il devient dès-lors impossible de les confondre avec les voyelles. Exemple : *Parfaitement* . Il faut toutefois les faire assez grandes pour qu'on ne puisse les prendre pour des liquides, et faire ces dernières aussi petites que possible, ainsi que nous l'avons déjà recommandé.

32. — Nous avons dit que la boucle qui représente le *l* et le *r* pouvait se faire aussi grande qu'on voulait, à condition pourtant de ne pas dépasser une certaine limite. Par cette restriction, nous avons voulu nous réserver les boucles les plus grandes pour les cas où le sténographe se trouve forcé de couper une lettre par une autre; dès-lors cette boucle r a plus de valeur. Exemple : *Figue* . On tâchera d'ailleurs de marquer par des angles appréciables les points de jonction des consonnes; en outre, comme dans ce cas la boucle fait partie des consonnes qui la forment, on pourra la distinguer de celle du *l* et du *r*, dont ne font point partie les consonnes qui la précèdent et la suivent, par la plus grande dimension de ces dernières en-dehors de la boucle.

33. — Quand deux *r* ou deux *l* sont de suite, il peut être avantageux d'en faire un avec le caractère indiqué dans l'alphabet. Exemple : *Rarement* (rereman).

Les mots suivans : *Toujours* , *fêtèrent* , *dégoût*

toucher dont l'écriture est difficile ou donnerait lieu à des équivoques , peuvent remplacer *ou* par *u* et *é* par *e* muet.

Exemple : *Toujours* , *fêtèrent* , *dégoût* , *toucher* . Quand l'*é* non muet est final , il faut l'écrire ; exemple : *Fêté* . En général, dans tous les cas où il peut se présenter quelques difficultés d'exécution, on les fera disparaître en prenant la direction de l'*e* muet, et écrivant ou supprimant, suivant le besoin, la voyelle qui suit. Ainsi le mot *piton,* pour lequel il est très difficile d'indiquer le son nasal de la fin par un renforcement de trait , parce que le *t* se fait en remontant, pourra s'écrire   . *Bibi* s'écrira   ,

ou   (bebi), ou encore   , en séparant à peine les deux

bi; papa   , ou   , ou   . Les exemples qui précèdent montrent assez comment on peut marquer la distinction de deux lettres consécutives qui , ayant la même direction, sembleraient devoir se confondre, si l'on ne prenait quelque précaution pour l'empêcher. Ainsi, le signe *créé* sera   , celui de *Aaron*   , de *appas*   , etc.

34. — On pourrait, si on le trouvait plus expéditif, placer le commencement de chaque mot vers la fin du précédent , laquelle deviendrait ainsi pour ce mot sa ligne d'écriture.

Exemple : *Lorsque quelqu'un*   . Il est des cas où cela présenterait des inconvéniens ; il faudrait alors reprendre la ligne naturelle d'écriture pour point de départ, mais le faire de telle manière qu'il n'en résulte aucune équivoque.

35. — Quelquefois un mot revient couper le précédent. Cette circonstance n'est point un obstacle à la lecture. Exemple : *Reconnu pour* ; mais, en tout cas, les mots qui se coupent doivent se détacher nettement.

36. — Il faut encore ne jamais négliger de faire les demi-ronds des *f* et *v,* et surtout des liquides bien complets, pour qu'on ne puisse confondre les premiers avec les *d* et *t,* et les autres avec les voyelles.

37. — Les *r* et *l* commençant un mot ne se font point par la boucle, parce que nous nous servirons de cette boucle comme signe d'abréviation initiale.

PONCTUATION.

38. — En voici les signes : points de toute espèce . Lorsqu'il est nécessaire d'indiquer une exclamation ou une interrogation, on appuie davantage sur le trait ; deux-points et point-virgule , virgule , . Mais le plus souvent la ponctuation se marque seulement par le plus ou moins de distance des mots. On ne tient guère jamais compte de la virgule. Ces signes se font dans de petites proportions au dessous de la ligne d'écriture.

Changement d'interlocuteur = , guillemets » .

EXERCICES.

39. — Avant de parler des abréviations destinées à simplifier ce système, ainsi que notre système général, nous allons donner quelques exercices comme application des règles et préceptes que nous venons d'établir.

Chaque ligne sténographique est mot pour mot, dans ce qui suit, la reproduction des deux lignes placées en regard.

Dans le premier exemple, nous écrivons à côté de chaque lettre sténographique la lettre ou les lettres qui en sont la représentation. Dans le second, nous nous contentons d'indiquer les numéros auxquels se rapporte l'écriture de mots qui présentent quelque particularité digne de fixer l'attention.

Premier exemple :

Ce qui nous rend la vanité des autres insupportable, c'est qu'elle blesse la nôtre.

LAROCHEFOUCAULD.

Deuxième exemple :

Lorsque quelqu'un voudra reconnaître si la nature lui a donné le génie, qu'il lise avec attention les ouvrages qu'une admiration universelle et soutenue a reconnus pour appartenir au génie ; qu'il contemple dans les arts les monumens qu'un consentement général a rapportés à ce même génie, et qu'il apporte à cette étude et à cette contemplation les connaissances préliminaires nécessaires. S'il lit froidement et sans enthousiasme ; s'il n'est ému ou transporté qu'à demi ; s'il n'est pas ravi, pour ainsi dire, en extase à la vue de l'empreinte sacrée du génie ; si un trait sublime l'effleure, lorsqu'il devrait le percer, la nature lui a refusé sa céleste lumière; non-seulement il ne possède pas le génie développé, il n'en a seu-lement pas reçu le plus faible rayon : il ne doit pas s'attendre à dévoiler les grands secrets de la nature ; il pourra découvrir des vérités, rendre des services à la science, et l'avancer ; mais il n'aura que de l'esprit ; et, s'il élève un monument durable, ce ne sera pas un monument im-mense.

(LACÉPÈDE.)

ABRÉVIATIONS.

40. — Quelques-unes des abréviations qui suivent convien-nent mieux à notre système général, d'autres s'adaptent plus convenablement à celui qui vient d'être exposé. Dans l'un et l'autre, chacun pourra à sa guise s'approprier celles qu'il trouvera les plus commodes. Il en est dont on ne peut se dis-penser de contracter l'habitude à cause de la grande simplifi-cation qui en résulte, et qui, loin d'obscurcir la phrase, ne font qu'en rendre la lecture plus facile. Nous recommandons surtout celles des verbes.

41. — La première que conçoit la pensée est celle qui con-sisterait à écrire tous les signes des mots liés et enlacés en-semble sans interruption, et à gagner ainsi le temps qu'on perd dans l'espacement des monogrammes ; mais elle ne peut

être admise que pour les mots qui se rencontren très souvent
et naturellement ensemble, comme dans l'exemple précédent
*Consentement général, pour ainsi dire, l'empreinte sacrée, se-
crets de la nature, rendre des services.* Ces groupes de mots
se représentent absolument comme s'ils ne formaient qu'un
seul mot dans l'écriture ordinaire. Quant à la lecture, la lon-
gueur des formules sténographiques signalera suffisamment
ces groupes, et, du moment qu'on sera prévenu, rien de
plus facile que d'en découvrir les élémens.

42. — Ce sont les monosyllabes qui ralentissent le plus
l'écriture par la nécessité de leur espacement. Les notations
qui suivent en feront disparaître un grand nombre de l'écriture sténographique.

Signalons tout d'abord une première abréviation qui est la
source de plusieurs autres, et qui consiste à écrire au masculin
tous les mots susceptibles de varier par le genre, comme
haut maison, rivière profond, etc.

Dans les abréviations que nous allons donner, quand on
désirera différencier le féminin du masculin, il faudra ap-
puyer davantage sur le trait.

Articles et pronoms LE, LA, LES. — 43. — *Le, la,* articles
simples, s'indiquent par un point au commencement du mot
suivant, mais très rapproché de lui et plus élevé que la première partie de la première lettre.

Ce point, ainsi que tous les autres signes que nous devrons
faire un peu plus haut ou plus bas que le commencement du
mot, se placeront à côté quand la première lettre du mot sera
perpendiculaire, mais toujours dans leurs conditions de supé-
riorité ou d'infériorité, par rapport au commencement du mot,
conditions qui donnent toute leur valeur à ces signes abréviatifs.

Les, article : un point près de la première partie de la
première lettre du mot et plus bas que cette partie.

Quant à *un, une*, il se fait avec son signe, indifféremment dans l'une ou l'autre des positions, au commencement du mot.

Exemples :

Le peuple, la femme, les por-
tes , un jardin.

44. — *Le, la, les,* pronoms personnels , prendront les mêmes signes que *le, la, les,* articles , mais placés à une distance sensiblement plus grande du commencement du mot.

Articles et pronoms LE, LA, LES, *avec les prépositions* A *et* DE.
— **45.** — *Au, à l', à la ; lui :* *a* sténographique, un peu au-dessus de la première lettre du mot et au commencement de cette lettre. Les autres particularités des mots et le sens de la phrase font d'ailleurs connaître quelle est la valeur précise du signe.

Aux ; leur, pronom personnel : *a* sténographique, près de la première partie de la première lettre du mot et plus bas que cette partie.

A un, à une : *u* sténographique, un peu au-dessus du commencement du mot. A *des : u* au-dessous.

46. — *Du, de l', de la ; en,* pronom : coupure par un *u* sténographique à la première partie de la première lettre du mot.

Des : coupure inverse, c'est-à-dire par un *e* sténographique.

D'un, d'une : coupure par un *i,* ou, quand la perpendicularité de la première lettre ne le permet pas , par un *a* sténographique.

Pour plus de rapidité, la coupure se forme avant le signe du mot, qu'on applique ensuite dessus, afin de n'être pas interrompu pour la tracer. Quand la coupure et la lettre sont obliques dans le même sens, l'une se fait un peu plus oblique que l'autre.

Exemples :

A la table, aux dictionnaires,
à un pré, à des livres, de l'homme, des papiers, d'une force,
Thomas lui dit, la femme leur
fit, le mari en soupa.

Adjectifs possessifs et démonstratifs avec et sans les préposi-
tions A *et* DE. — 47. — Nous nous contenterons de parler aux
yeux, en exposant les abréviations applicables aux principaux
adjectifs possessifs et démonstratifs. La ligne, au commencement de laquelle s'adapte le signe, est la ligne *rationnelle* de
direction de la première lettre du mot suivant. Les signes
abréviatifs devront s'employer avec la forme et la direction
que leur attribue le tableau ci-dessous. Pourtant, les demi-
coupures qui ne pourraient se faire verticalement, à cause de
la position d'une lettre, prendront la direction inverse, c'est-
à-dire horizontale.

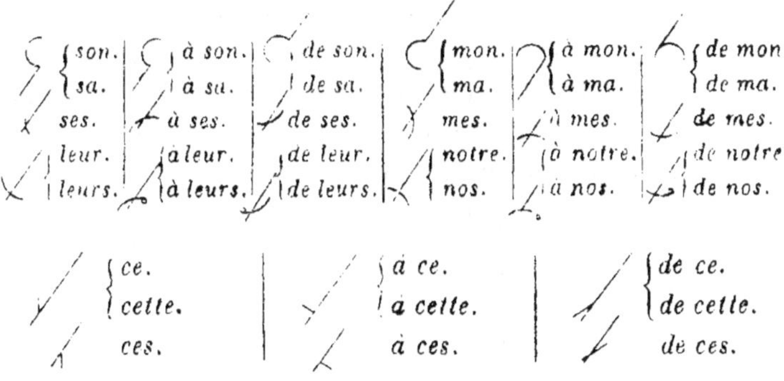

Il faut remarquer que les adjectifs possessifs sont caractérisés par des lignes courbes, soit en coupure, soit autrement,
et que les adjectifs démonstratifs le sont, par ce que nous

appellerons une *demi-coupure* à ligne droite. La demi-coupure peut dépasser un peu la ligne qu'elle touche, pourvu qu'on ait soin de faire la branche significative très sensiblement plus grande que l'autre. Nous avons déjà vu que les articles se marquaient par des coupures à *lignes droites*, des lignes droites et des points.

Prépositions A *et* DE. — 48. — Quand les deux prépositions *à et de* ne sont point liées à un autre mot, dans l'abréviation duquel elles se confondent, on peut les écrire en un seul monogramme avec leur complément.

Il est une autre manière d'exprimer ces deux prépositions : elle consiste à rendre la préposition *à* en plaçant le commencement du mot qui suit au-dessus de la ligne d'écriture, et la *préposition de*, en le plaçant au-dessous ; mais ce genre d'abréviation est impraticable pour notre système général.

Autres prépositions. — 49 — En outre des prépositions *à et de*, il en est plusieurs autres très employées, dont il importe d'abréger l'écriture. Dans leur tableaux et dans d'autres qui pourront suivre, pour ne pas trop multiplier les exemples, nous nous contenterons, comme plus haut, de tracer une ligne de direction que nous supposerons être la première lettre du mot suivant, et cela sera suffisant pour bien faire comprendre la manière d'employer les signes abréviatifs.

Le signe caractéristique des prépositions est, comme on le voit, la ligne à double courbure.

On peut abréger avec leurs signes les mots dont la partie

initiale est une de ces prépositions, distincte ou altérée, ou son équivalente grecque ou latine.

Adverbes. — 50. — Les adverbes les plus usités se marquent au commencement ou à la fin des mots, qu'ils complètent, par les petites lettres de l'alphabet. Comme, par suite des abréviations, ces lettres ne se trouvent presque jamais seules en un signe isolé, cette écriture sera parfaitement distincte

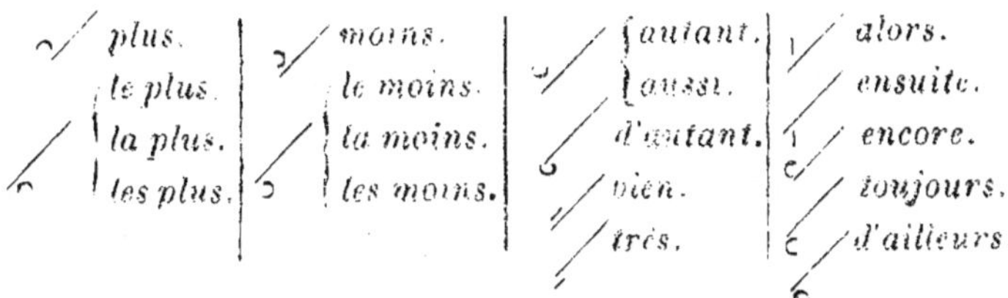

On remarquera que les lettres employées pour l'abréviation de chacun de ces mots sont une de celles qui entrent dans la composition du mot, à une seule exception près.

Verbes, pronoms personnels, négations. — 51. — Les abréviations qui suivent se rapportent aux verbes et aux mots combinés avec eux. Elles sont très expéditives et d'un fréquent usage. Elles dispensent d'écrire les pronoms personnels sujets, les pronoms réfléchis, les adverbes de négation, les temps des verbes auxiliaires *avoir* et *être*, et la conjonction *que* qui précède le subjonctif.

Voici les signes dont on se sert et qu'on place au commencement des formes personnelles en les unissant à ces formes, ou les en séparant, d'après les règles que nous allons expliquer :

Première personne singulière et plurielle (mots suppléés, *je, nous*) : ()   Signe vertical

Idem, avec négation (mots suppléés, *je ne pas, nous ne pas*) : ()

Forme réfléchie (mots suppléés, *je me, nous nous*) : ∂ .

Idem, avec négation, (mots suppléés, *je me ne pas, nous nous ne pas*) : ∅   (Signe bouclé).

Deuxième personne singulière et plurielle (mots suppléés, *tu, vous*) : ⊂⊃ (Signe horizontal).

Idem, avec négation, (*tu ne pas, vous ne pas*) : ⟠ .

Forme réfléchie (mots suppléés, *tu te, vous vous*) : ⊜ .

Idem, avec négation, (mots suppléés, *tu te ne pas, vous vous ne pas*) : ⟐ .

Troisième personne singulière et plurielle (mots suppléés, *il, elle* (1), *ils, elles*) : ○ .   (Forme ronde). La dimension et surtout la place de ce signe le distingueront des boucles.

Idem, avec négation, (mots suppléés, *il ne pas, elle ne pas, ils ne pas, elles ne pas*) : ⊘ .

Forme réfléchie (mots suppléés, *il se, elle se, ils se, elles se*) : ⊖

Idem, avec négation, *il se ne pas, elle se ne pas, ils se ne pas, elles se ne pas*) : ⊗ .

On : mêmes signes que pour *je* et *tu*, mais dans une position oblique : ∅, ∅, ∅, ∅.

L'expression adverbiale *ne que*, ou son synonyme *seulement*, s'indique par les signes personnels simples barrés d'une petite ligne courbe.

Les pronoms personnels régimes, *me, te, nous, vous*, qui ne font point partie d'un verbe réfléchi, s'indiquent par un *a*, un *e*, un *i* et un *u* sténographiques, formant corps avec le signe personnel, et ne s'abrégent point sans ce signe, au commencement duquel ils se placent. *Y* s'indique par le *c* sténographique très courbé mentionné au n° 19.

(1) Le sens de la phrase fait connaître si le sujet est masculin ou féminin; d'ailleurs on pourra indiquer le féminin par le renforcement de trait au signe personnel.

Nous avons déjà donné les signes de *le, la, les, lui, leur, en,* autres pronoms personnels régimes qui ne s'abrégent guère non plus sans que le signe personnel soit exprimé.

Verbes actifs. — 52. — Pour les verbes actifs, ces signes se placent en-dessus ou, suivant la nécessité, à gauche, mais toujours au commencement de la première lettre du verbe, qui devient leur continuation ; et quant à la distinction du singulier et du pluriel, caractérisés tous les deux par le même signe, les terminaisons la marquent suffisamment.

Verbes passifs, auxiliaire ÊTRE. — 53. — Pour le passif, on écrit les temps correspondans de l'actif ; mais on indique qu'il s'agit d'un verbe passif en plaçant les signes person-nels dans une situation inverse de celle qu'ils occupent pour les verbes actifs, c'est-à-dire, en-dessous ou, suivant la né-cessité, à droite du commencement de la première lettre du verbe. (*Voir le n° 23*).

Exemples,

Où chaque forme personnelle, avec tout ce qui s'y joint, est rendue par un signe unique dans son ordre de succession.

Pour l'actif :

Je bats, tu bats, il bat, nous ne battons pas, vous ne battez pas, ils ne battent pas.

Je me battais, tu te battais, il se battait, nous ne nous battions pas, vous ne vous battiez pas, ils ne se battaient pas.

On battra, on ne battra pas, on ne se battra pas, on ne se bat-tra que.

Il me battra, tu ne nous bats
pas, je te bats, nous ne vous battons pas, nous n'y serons pas.

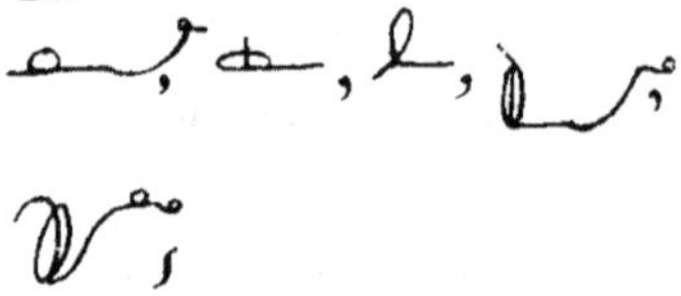

Pour le passif :

Je suis battu, nous serons battus, nous ne serons pas battus,
ils ne seraient pas battus, etc.

Ces quatre derniers s'écrivent comme s'il y avait en fran-
çais *je bats, nous battrons, nous ne battrons pas, ils ne bat-
traient pas*. La position des signes personnels en établit la
différence. Nos lecteurs latinistes saisiront parfaitement tout
ce qu'a de rationnel cette conjugaison des verbes passifs imitée
de la langue que ses filles ont trop souvent dédaignée dans ce
qu'elle a de plus simple et de plus logique.

Je suis plus battu, s'écrira : *Je suis battu plus*. Une semblable inversion se pratique par les temps composés à l'actif.

Auxiliaire AVOIR. — 54. — Des simplifications analogues
à celles que nous avons signalées pour les verbes passifs peuvent s'appliquer à tous les temps composés où se trouve un
des temps du verbe *avoir* ou du verbe *être*. Voici celles que
nous avons adoptées :

Au lieu du passé indéfini, on écrit le présent; au lieu du
plus-que-parfait, l'imparfait; au lieu du passé antérieur, le
passé défini, en séparant un peu la forme verbale du signe
personnel. Et on distingue les voix des verbes en plaçant,
pour l'actif, le commencement de la forme verbale plus haut
que la partie inférieure du signe, et pour le passif plus bas.

Quand il s'agit des verbes de la deuxième conjugaison,
dont les trois premières personnes du passé défini, au singulier, sont les mêmes que les trois premières personnes du

présent, comme ces trois personnes, au passé indéfini et au passé antérieur, auraient un signe identique, on fera bien, pour éviter l'équivoque, d'écrire à ces trois personnes au passé antérieur le présent de l'infinitif de ces verbes, au lieu du passé défini, en se servant toutefois de nos notations personnelles, qui rendront toutes ces formes verbales très faciles à reconnaître.

Au lieu du conditionnel passé, on écrit le conditionnel simple; au lieu du futur passé, le futur simple, en séparant un peu la forme verbale de son signe personnel.

Subjonctif. — 55. — Tous les temps du subjonctif peuvent être représentés par les temps correspondans de l'indicatif, avec un point devant le signe personnel; mais cela n'a lieu que dans le cas où ce signe personnel est écrit; car autrement ce point pourrait se prendre pour l'article simple. On distinguera cette notation subjonctive remplaçant *que* du pronom personnel *le* par la place de ce dernier à distance du commencement du mot.

56. — Quand le sujet n'est pas un pronom personnel, on écrit sans signe personnel, à moins que le verbe ne soit joint à une négation ou à un pronom réfléchi, qu'il ne soit au passif ou à un de ses temps composés; car alors il y aurait lieu à abréviation.

Formes interrogatives. — 57. — Les formes interrogatives s'indiqueront par les signes personnels placés à la fin du verbe et d'après les règles établies plus haut pour les formes non interrogatives. À la troisième personne, il faudra faire le signe assez grand pour qu'il ne puisse être confondu avec la boucle du *j* et du *l*, ou celle qui termine certaines consonnes quand on ne la supprime pas.

58. — La particule négative *ne* se supprime quand elle

est attirée dans la phrase par les mots négatifs *rien*, *ja-mais*, etc.

Exemples

Pour les temps composés et pour le subjonctif :

J'ai nommé, nous avions nommé, ils n'eurent pas nommé ; je ne me serais pas nommé ; nous n'aurons pas été nommés.

Que je ne me nomme pas ; qu'ils n'eussent pas été nommés, etc.

Tous ces mots s'écrivent comme s'il y avait *je nomme*, *nous nommions ; ils ne nommèrent pas, je ne me nommerais pas*, etc., formes qui elles-mêmes s'abrégent.

L'homme nomme, s'écrit naturellement :

mais *l'homme ne se nomme pas*, prend l'abréviation :

Pour les formes interrogatives et pour la particule *ne* :

Avons-nous nommé ? Serons-nous nommés ? Ne sommes-nous pas nommés ? N'auront-ils pas été nommés ?

Je ne nomme rien.

X. — 59. — L'*e* au commencement d'un mot ne s'écrit pas. Au lieu de *excès*, on écrit *xè*.

Remarque. — 60. — Presque tous les signes abréviatifs dont nous venons de parler s'adaptent au commencement des monogrammes. Ceux qu'il nous reste à exposer se feront vers la fin ou vers le milieu de leur trait, ou seront indépendans des mots entre lesquels ils se trouveront. Mais avant d'entrer dans ces détails, établissons une règle, qui a principalement son application dans les abréviations initiales. Quand deux signes abréviatifs se rapportent au même mot, ils se placent tous deux au lieu que nous avons fixé pour chacun, dans l'ordre de succession des mots qu'ils représentent, si cela est possible. Dans le cas contraire, il faut les écrire sans se préoccuper de leur rang : il n'en résultera aucune ambiguïté. Il sera même nécessaire, quand un signe initial gênera pour en tracer un autre, de faire dépendre le premier du second, comme si celui-ci était la première lettre du mot. Ce cas se présentera souvent pour les verbes. Exemple : *Je ne le lui dirai pas*

Substantifs, infinitifs, participes, adjectifs, adverbes. — 61. — Ces sortes de mots s'abrègent vers la fin par une coupure représentant, autant que possible, celle des consonnes supprimées, qui rappelle le mieux l'articulation. Que cette coupure soit verticale ou horizontale, suivant le cas, si le mot abrégé est adverbe; oblique dans le sens de l'*e*, s'il est adjectif, et dans le sens de l'*u*, s'il est substantif. Quand il s'agit d'abréger un verbe à l'infinitif ou un participe, qu'on se serve, pour le participe, d'une demi-coupure à direction de l'*e*, et pour l'infinitif d'une demi-coupure à direction de l'*u*. Certaines particularités que nous n'avons pas besoin de signaler graveront dans la mémoire cette notation. On ne doit l'appliquer qu'aux mots dérivés ou très usités, et il faut que la partie écrite contienne en général la racine du mot. Quand on ne voudra donner aucune signification littérale à la coupure ou à la demi-coupure, on la fera, dans de petites proportions, par une ligne droite, mais en lui laissant toujours l'inclinaison qui figure l'espèce de mot abrégé. Ce serait le cas toutes les fois qu'on aurait à couper par une de ces consonnes qui sont invariables de direction.

On pourrait marquer l'abréviation finale en écrivant au-dessous du mot, pour les substantifs et les infinitifs, et au-dessus pour les adjectifs, pour les participes et pour les adverbes, les signes voyelles ou consonnes qui en représenteraient la désinence; mais nous croyons la première notation préférable.

On pourrait encore indiquer par des signes particuliers les terminaisons *son, sion, anse, ière, teur, ateur, ature, ifant, icien*, etc. Mais comme nous n'écrivons point les voyelles médiales et finales, le degré de simplification que nous obtiendrions ainsi serait fort insignifiant, et d'ailleurs ces mots peuvent s'abréger par les procédés que nous venons de développer. Nous laissons à la sagacité du sténographe le soin d'imaginer lui-même, s'il le juge à propos, des notations abréviatives se rapportant à ces cas particuliers.

Qui, que. — 62. — Ces deux mots font corps avec celui qui les précède et s'indiquent le premier par un *m*, le deuxième par un *r* sténographiques bouclés. *Que* peut d'ailleurs se supprimer sans obscurité, ainsi que cela se fait en anglais.

Exemples d'abréviations finales :

Supportable, minéralogie, juridiquement, acidifier, purification, misérablement. L'homme qui, nous ne disons pas que.

Nous n'écrivons que les racines : *suppor, mine, juri*, etc.

Liquides. — 63. — Les liquides *l* et *r*, précédées d'une autre consonne et suivies d'un *e* muet, se suppriment le plus souvent à la fin des mots. Ainsi *aimable* se figure *aimabe.*

Remarque. — 64. — Certains mots, pour lesquels il semblerait y avoir lieu à simplification, s'écrivent d'une manière

plus expéditive avec toute leur prononciation. C'est au sténographe à user à propos des moyens que nous lui livrons et
à voir par lui-même, dans la pratique, quels sont les cas où
ils peuvent être employés avec le plus d'avantage. Nous
devons toutefois lui recommander de s'interdire les abréviations finales pour les signes trop courts ou composés de telle
façon que ces abréviations, tracées à la hâte, puissent être
confondues avec les abréviations initiales, auxquelles seules
reste le privilége de s'appliquer à ces sortes de signes.

Abréviations imitées de l'écriture ordinaire. — 65. — Les
mots dont l'écriture s'abrége usuellement, comme *monsieur,
son altesse royale, sa hautesse,* etc., et qu'on figure par leur
première lettre, s'abrégent de la même façon en sténographie, mais sans l'emploi du point en bas ; seulement, les abréviations de ces mots sont placées un peu au-dessus de la ligne
d'écriture. On peut également abréger ainsi, mais en écrivant une ou plusieurs syllabes, les mots longs et facilement
reconnaissables à la seule vue de ces syllabes. Il faut toutefois être assez sobre de ce moyen de simplification et ne
pas l'employer dans les premiers exercices.

Complémens. — 66. — Une abréviation analogue se pratique pour les assemblages de mots, qui forment une sorte de
substantif composé, ou une locution dont quelques mots suf-
fisent pour la rappeler, comme *gouvernement constitutionnel,
tribunal de première instance, chambre des députés,* etc.,
pierre qui roule n'amasse pas mousse, etc. Le premier des
mots ou tous ceux qui sont nécessaires pour mettre sur la
voie de l'idée s'indiquent par leur prononciation, et les autres, ou les plus essentiels des autres, par leur syllabe initiale, qu'on porte, comme plus haut, au-dessus de la ligne
d'écriture, ou quelquefois seulement par un grand *e* sténographique dépassant très sensiblement la ligne d'écriture en

haut et en bas, et qui sera l'indice général d'un complément
non écrit à suppléer. Quand le complément sera de plusieurs
mots, le signe devra être incliné à droite ; et vertical, quand
il sera d'un mot.

Répétitions, oppositions et réciprocités. — **67.** — Le signe
de la répétition est le *t* non bouclé, de l'opposition le *s*, et
de la réciprocité le *p* non bouclé de la sténographie. Ces
signes dépassent très sensiblement la ligne d'écriture en haut
et en bas, comme au numéro précédent. Ils sont verticaux
quand ils représentent un seul mot, et obliques à droite
quand ils en représentent plusieurs. Quand l'idée réciproque
contient une négation, le *p* prend une boucle.

Les exemples suivans, qui se rapportent aux trois derniers
numéros, rendront notre pensée très claire. Les lettres itali-
ques indiquent les mots ou parties de mots figurés par les
signes abréviatifs.

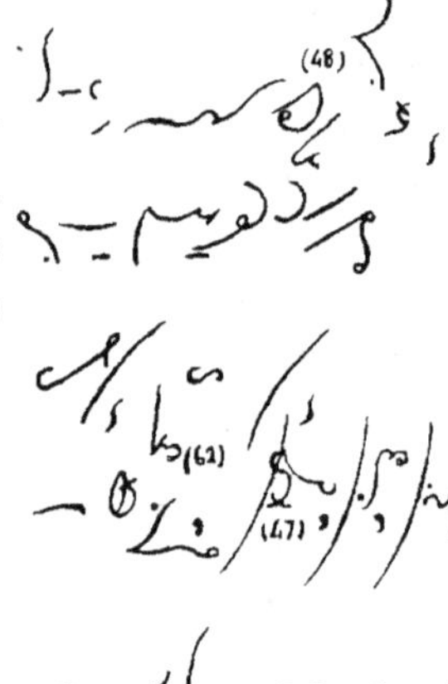

Son *altesse royale* est jalouse de
faire bénir le gou*vernement* du roi.

La cour d'a*ssises* a condamné aux
travaux for*cés à p*er*pétuité* plusieurs
repris *de justice.* Pierre qui roule
n'amasse pas mousse.

Quand je vois les César, *quand je*
vois leur fortune, *quand je vois* le
soleil et *quand je vois* la lune.

Vous riez et je *pleure.* Les gens
qui vivent à la campagne invitent
souvent, et *ceux qui vivent à la ville,*
rarement.

Celui qui n'aime pas *n'est pas aimé*. Nous imitons ceux que nous fréquentons, *et ils nous imitent.*

L'interprétation de ces signes abréviatifs n'offre point de difficulté, parce qu'ils représentent la nature de l'idée qu'ils figurent, et que dès-lors l'esprit prévenu la retrouve sans effort.

Locutions conjonctives, prépositives, etc. — 68. — Les locutions conjonctives, prépositives ou autres, les plus usitées, peuvent s'abréger au moyen de leur première syllabe coupée ou continuée par une des syllabes ou des lettres significatives de la locution, et placée en-dehors de la ligne d'écriture. En voici quelques exemples :

A la manière de, à moins de ou que, attendu, au milieu de, auprès de, avant que ou de :

Cependant, c'est-à-dire, concernant, conformément ;

Davantage, depuis, de sorte que ;

En faveur de, en quelque sorte, en sorte de ou que, etc., excepté ;

Lorsque ; — *Mais encore, moyennant :*

Néanmoins, nonobstant, non-seulement :

Parce que, par conséquent, par exemple, pour ainsi dire, pourquoi, puisque ;

Quel que soit, quoique, quoi qu'il en soit :

Sujet à, susceptible de ; — tandis que : — Un jour.

Certaines de ces locutions sont le p'us souvent suivies de *que*. Mais il est inutile d'exprimer cette particule, que le sens de la phrase indique suffisamment.

Il serait facile de multiplier ces signes abréviatifs pour les mots les plus employés dans la langue ; mais nous ne voulons pas charger la mémoire des commençans. Quand ils se seront perfectionnés en sténographie , ils en imagineront eux-mêmes. Nous avons voulu seulement les mettre sur la voie, et nous leur conseillons de ne faire usage de ces signes, qui n'ont pas toujours une valeur rationnelle , qu'après qu'ils seront parvenus à se lire couramment.

Nombres. — 69. — Les nombres qui ont des unités de tous les rangs s'écrivent en chiffres ordinaires. Ainsi , *vingt-cinq mille deux cent quarante-deux* s'écrit 25,242. Mais il y a lieu à abréviation quand on a à représenter ce qu'on appelle vulgairement des *nombres ronds*. Les exemples ci-dessous feront comprendre la manière d'abréger ces sortes de nombres :

(Les centaines se formulent en sténographie ordinaire.)

6,000; 60,000; 600,000; 6,000,000; 60,000,000;

600,000,000; 6,000,000,000, ou 6 millards.

Le nombre cardinal devient nombre ordinal par une boucle en-dessus, et adverbe par une boucle en-dessous , appliquée à la fin du signe numéral. Pour les nombres multiplicatifs , la boucle se fait en-dessus au commencement du signe ; et pour ceux qui sont accompagnés du mot *fois ,* en-dessous et également au commencement du signe.

Exemples :

Sixième, huitièmement, triple, six millions de fois.

6   8   3

EXERCICES.

70. — Voici maintenant un spécimen de la sténographie cursive de cette première partie de notre méthode, telle qu'elle pourra être pratiquée. Le morceau est sténographié dans le traité très vanté de M. Conen de Prépéan. On pourra faire la comparaison du degré de simplification des deux systèmes. On se rappellera que nous avons promis de développer dans la seconde partie de ce traité des procédés d'abréviation encore plus expéditifs que ceux de la première.

LYSIMAQUE. (1)

Lorsque Alexandre eut détruit l'empire des Perses, il voulut que l'on crût qu'il était fils de Jupiter. Les Macédoniens étaient indignés de voir ce prince rougir d'avoir Philippe pour père ; leur mécontentement s'accrut, lorsqu'ils lui virent prendre les mœurs, les habits et les manières des Perses ; ils se reprochaient tous d'avoir tant fait pour un homme qui commen-

(1) M. Conen de Prépéan fait remarquer avec raison que ce sujet prête très peu aux abréviations, et qu'il en serait tout autrement d'un discours traitant de politique ou de science.

çait à les mépriser. Mais on murmurait dans l'armée et on ne parlait pas.

Un philosophe, nommé Callisthène, avait suivi le roi dans son expédition. Un jour qu'il le salua à la manière des Grecs : « D'où vient, lui dit Alexandre, que tu ne m'adores pas? Seigneur, lui dit Callisthène, vous êtes chef de deux nations : l'une, esclave avant que vous l'eussiez soumise, ne l'est pas moins depuis que vous l'avez vaincue ; l'autre, libre avant qu'elle vous servît à remporter tant de victoires, l'est encore depuis que vous les avez remportées. Je suis Grec, seigneur, et ce nom, vous l'avez élevé si haut, que, sans vous faire tort, il ne vous est plus permis de l'avilir. »

SECONDE PARTIE.

OBSERVATIONS.

71. — Jusqu'ici nous avons indiqué les voyelles médiales par la direction des consonnes. Dans ce qui va suivre, cette direction n'aura plus aucune valeur, à moins que, dans des cas donnés, nous ne fassions uniquement usage de la méthode précédente. Nous supprimerons donc absolument les voyelles du milieu des mots ; et il faudra contracter, ce qui se fait très vite, l'habitude de n'écrire que les voyelles initiales, les voyelles finales et les consonnes prononcées.

Mais comme la lecture d'une semblable écriture, quoique très facile quand les lettres sont bien distinctes, ainsi qu'on peut s'en convaincre par un essai en écriture ordinaire, doit présenter d'abord quelques difficultés aux personnes qui ne sont point versées dans la pratique de la sténographie, nous engageons les commençans à écrire dans les premiers exercices la voyelle ou diphthongue qui suit la première consonne de chaque mot, et à conserver provisoirement les boucles qui distinguent certaines consonnes, en y renonçant pour la représentation des *r* et des *l,* tant qu'ils se liront avec peine. Plus tard, ils n'écriront plus cette voyelle, et plus tard enfin ils pourront supprimer la boucle des consonnes.

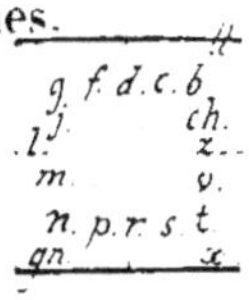

Tracés sténographiques — 72. La figure placée en regard est un carré dont les sommets et les milieux des côtés sont joints par des diagonales. Chaque case et chaque ligne qui rayonne du centre représente dans toutes ses parties une des consonnes. Les notations écrites sur la figure, et que la pensée doit suppléer dans tout autre cas, indiquent la position des diverses articulations que nous avons déjà reconnues dans la langue française, position qu'il sera toujours facile de retrouver, à cause de leur localisation dans l'ordre même de leur succession alphabétique. Trois consonnes composées, le x et les deux mouillées *gn* et *ll,* sont placées à des coins, et, vu leur peu d'usage, occupent moins d'espace que les autres. Les deux premières sont à l'extrémité, l'une du *s,* l'autre du *n ;* et quant au *ll,* nous avons dû, pour des raisons pratiques, le séparer du *l.*

Si nous écrivons maintenant en sténographie sur du papier entièrement couvert de ces carrés (on les tracera soi-même, ou l'on préférera avoir recours à la lithographie et se procurer à peu de frais du papier tout tracé), il est facile de concevoir qu'un mot de trois consonnes, par exemple, pourra être figuré sur un de ces carrés, de manière que, les deux extrémités de la deuxième consonne du mot portant sur les deux lettres du carré qui représentent la première et la troisième consonne, ces deux lettres n'ont plus besoin d'être exprimées. Exemple : *Requête.*

Consonnes graphiques, consonnes locales. — 73. — Nous allons passer en revue tous les cas particuliers qui peuvent se présenter. Mais, pour rendre nos explications plus concises, nous appellerons *consonnes graphiques* celles qui s'écrivent, et *consonnes locales* celles qu'on n'écrit point. Parmi les premières, nous distinguerons les *consonnes liaisons,* qui sont les muettes et les sifflantes, et dont le rôle est de joindre les consonnes locales. Les dernières prendront le nom de *consonnes cases, consonnes lignes, consonnes coins,* suivant qu'elles seront représentées par des cases, des lignes ou des coins.

Nous ferons remarquer que les proportions des consonnes liaisons seront variables suivant l'éloignement des consonnes locales qu'elles sont destinées à joindre. On devra prendre garde de les faire trop petites.

Nous ne parlerons point des diphthongues ; mais tout ce que nous dirons des voyelles devra s'appliquer également aux diphthongues.

Commencement des mots. — **74.** — Nous conviendrons d'abord de placer le commencement de chaque mot le plus près possible du centre des carrés, mais à la condition qu'il n'en résulte aucune confusion. Nous distinguerons ainsi le commencement de la fin des monogrammes, qui doit toujours en être plus éloignée, et d'une quantité plus ou moins considérable, suivant la dimension que nous voudrons donner à certaines consonnes pour les caractériser.

Dans les mots dont la première ou la dernière consonne locale est *gn, ll, x.* on ne peut signaler le commencement du mot que par la forme du trait. Mais ces sortes de mots se liront toujours facilement.

Distribution des mots sur les carrés. — **75.** — Nous conviendrons en outre que plusieurs mots pourront s'écrire séparément dans le même carré avec chacun leur monogramme, et qu'il sera permis de les faire couper les uns par les autres, mais avec netteté ; et nous marquerons leur ordre de succession par la distance de leur partie initiale au centre du carré, les distances les plus petites se rapportant aux mots écrits les premiers.

Il ne sera pas nécessaire qu'un mot soit renfermé tout entier dans le carré où il commencera. Il sera permis, quand on le trouvera plus commode, de continuer ce mot dans le carré suivant, à droite, mais en s'interdisant cette licence pour tout autre carré. On pourra éluder ainsi la direction des consonnes liaisons de droite à gauche.

Manière d'écrire les mots liquides. — 76. — La première consonne des mots est locale, la seconde graphique, la troisième locale, la quatrième graphique, et ainsi de suite. C'est-à-dire qu'en dirigeant convenablement la seconde, la quatrième, etc., consonne du mot, on est dispensé d'écrire la première, la troisième, etc.

Comme les liquides ont une dimension très petite et une position déterminée par elle-même, elles sont impropres à servir de lettres liaisons. Aussi, quand une liquide doit être graphique, la muette qui la suit l'est également, pour servir de lettre liaison ; quant à cette liquide, elle se forme avant la lettre liaison, à partir de la consonne locale ou de la lettre graphique qui la précède, et ses extrémités n'ont aucune signification dans la détermination des consonnes locales, à moins qu'elle ne soit la première lettre graphique du mot.

Exemples : *Redevenir, bravoure, remémore.*

Voyelles qui suivent la première consonne du mot (1) ; *voyelles initiales.* — 77. — Quand on écrit la voyelle qui suit la première consonne du mot, cette voyelle se fait sur la première consonne locale dans le carré, si le mot commence par une consonne ; et s'il commence par une voyelle, on écrit d'abord la voyelle initiale sur la première consonne locale du mot, et à la suite la voyelle qui suit la première consonne, en se conformant, pour le reste de l'écriture du mot, aux règles contenues dans cette deuxième partie. Si pour sa convenance ou par nécessité, alors que le mot

---

(1) L'*e* muet, n'existant pas dans notre alphabet, n'est point compris parmi les voyelles dont nous parlons.

commence par une voyelle, on écrivait la seule voyelle du commencement du mot, il faudrait, pour faire disparaître toute équivoque, marquer cette particularité par un renforcement de trait à la voyelle initiale.

Exemples : *Quittance, amertume, escompte.*

Lorsqu'on n'écrit aucune voyelle médiale, les voyelles initiales se placent sur la première consonne locale de la même manière que nous y avons placé tout à l'heure la voyelle qui suit la première consonne.

Voyelles finales. — 78. — Quant aux voyelles finales, il faut, en général, les écrire en caractères de notre alphabet, vers la fin du mot, à la suite de la dernière consonne graphique, en observant avec soin qu'il n'y a que les extrémités des consonnes liaisons qui, à cette place, déterminent les lettres locales, et ne prenant nul souci d'écrire les voyelles, pas plus que les liquides, sur les consonnes locales adjacentes à celles qu'atteint la consonne liaison.

Syllabes nasales médiales. — 79. — Pour rendre la lecture moins pénible, on indiquera la nasalité des syllabes médiales par le renforcement du trait vers l'endroit du mot où se trouve le son nasal non écrit.

Exemples pour les deux numéros précédens :
Grammaticalement (1), *convention.*

Consonnes graphiques finales. — 80. — Si la dernière consonne d'un mot est une consonne graphique liaison, son extrémité finale ne devra déterminer aucune lettre locale. Pour signaler cette circonstance, il faudra délier le trait vers la fin, en jetant légèrement la plume et dépassant un peu le périmètre du carré où l'on écrit. Dans tous les autres

---

1 L'écriture de ce mot peut d'ailleurs se simplifier d'après les procédés établis au n° 61.

cas, où la dernière consonne liaison ne serait point finale et devrait déterminer dans un carré adjacent une lettre locale, comme cela peut arriver, par exemple, pour certains mots dont il a été question au n° 75, on caractérisera d'une manière précise l'extrémité de cette consonne par un trait bien défini, et on s'interdira absolument cette expression vague dont nous venons de parler. On profitera d'ailleurs de la faculté qu'on a de diriger arbitrairement la consonne liaison finale, pour représenter, par sa direction, la dernière voyelle du mot, et il sera facile de différencier dans ce cas, par leurs seules proportions en dehors du carré que l'on dépasse, les lettres similaires.

Exemples : *Site, chapelle.*

Mots sans consonnes liaisons. — 81. — L'écriture des mots qui n'ont point de consonnes liaisons demande quelques explications. Pour ceux de ces mots qui commencent par une consonne, comme *goût, malheur,* il faut écrire, à partir de cette lettre locale, dans le carré, la lettre ou les lettres qui les terminent, en se conformant aux règles ci-dessus. Ceux qui commencent par une voyelle, et dont la première consonne est suivie d'une ou plusieurs lettres écrites, comme *appas, appareiller,* se figurent, sur la consonne locale, par la voyelle initiale et les lettres qui suivent la première consonne, écrites à la suite de cette voyelle. On pourra aussi, quand on le préférera, séparer, mais par un très petit intervalle, la voyelle initiale et la partie finale de ces sortes de mots.

Exemples : *Goût, malheur, appas, appareiller.*

82. — Quant aux mots à voyelles initiales, sans consonnes, ou dont la première consonne n'est suivie d'aucune lettre écrite, pour ne point les confondre avec ceux du n° 81, à con-

sonnes initiales, nous les écrirons en sténographie ordinaire, à la suite et un peu séparés de la fin du mot précédent. Pourtant, si ce mot n'avait qu'une seule lettre écrite, comme il pourrait être pris pour une notation abréviative, il faudrait tracer les signes de sténographie ordinaire sur les lignes de séparation des carrés les plus voisines de la fin du mot précédent. Dans les deux cas, on ne doit point se préoccuper des lignes ou cases sur lesquelles on passe.

Au commencement d'une phrase ou d'une proposition, les mots sans consonnes s'écrivent sur la première ligne de séparation verticale du carré.

83. — Les mots composés d'une consonne et d'un *e* muet se figurent par une espèce de petit point d'exclamation très raccourci, sur cette consonne, dans le carré⁽¹⁾.

Mots en sténographie ordinaire. — 84. — On écrit en sténographie ordinaire les mots dont il est nécessaire d'exprimer les voyelles médiales, tels que les noms propres qui n'appartiennent point à des personnages très connus ou déjà nommés, les noms scientifiques peu usités, les abréviations finales des nᵒˢ 61, 65 et 66 ; celles des locutions du nᵒ 68, les nombres et quelques mots qu'il est plus court de former ainsi dans certains cas.

Tous ceux de ces signes qui n'ont aucun caractère abréviatif se placent sur les lignes de séparation des carrés les plus voisines de la fin du mot précédent, et plusieurs mots de suite peuvent être formés ainsi en sténographie ordinaire, sur les côtés des carrés comme ligne d'écriture, excepté sur les côtés verticaux. En prenant cette ligne un peu en-dedans du carré auquel appartiendront les mots, on fera assez connaître ce carré, lors même que d'autres particularités ne le signaleraient point.

Le commencement de ces mots est à leur ligne d'écriture.

On doit s'interdire les abréviations initiales qui se séparent, pour les mots écrits sur les lignes de séparation des carrés ; mais on écrira sur ces lignes les abréviations du n° 68.

Les mots avec abréviation finale seront tracés à partir du centre, comme ligne d'écriture ; mais il sera nécessaire de ne rien admettre dans le carré après eux, parce que sans cette précaution on ne reconnaîtrait plus leur ordre de succession.

Abréviations initiales. — 85. — Presque toutes les abréviations initiales que nous avons déjà fait connaître s'adaptent sans difficulté à nos tracés sténographiques. Nous avons seulement à recommander que, dans la détermination de la position de la première consonne locale, on prenne pour point de départ le commencement du signe abréviatif, ou, quand il y a une coupure, le point d'intersection de cette coupure.

Abréviations verbales. — 86. — Dans les verbes, la lettre locale sera au point où la lettre graphique de l'extrémité de la forme verbale touche au signe personnel, ou, si ce signe est séparé, comme cela arrive pour les temps composés, à l'endroit du signe où se trouve l'espacement.

On s'attachera avec attention à faire toujours ces signes personnels plus rapprochés du centre que la fin du monogramme verbal, pour qu'on ne puisse confondre les formes affirmatives avec les formes interrogatives, ou le signe de la troisième personne avec la boucle de certaines consonnes ou de certaines voyelles. Nous insistons sur l'application de ce précepte pour les verbes sans consonnes liaisons.

Pour faire disparaître de nouvelles sources d'équivoques, nous formerons toutes les boucles des voyelles initiales vers leur extrémité la plus éloignée du centre.

Nous représenterons les formes verbales qui ne contiennent point de consonnes liaisons, avec leurs signes personnels, d'après les procédés des nᵒˢ 81 et 82.

EXEMPLES D'ABRÉVIATIONS VERBALES.

Nous ne serons pas nommés,
ils ne se seraient pas nommés :
nous avons battu, vous n'avez
pas été reconnus.

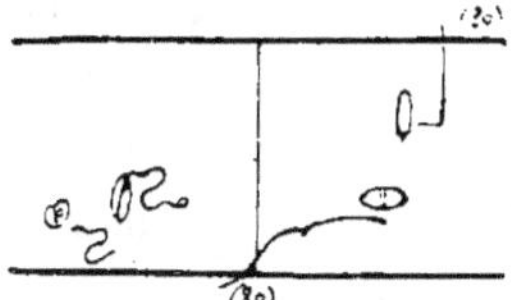

87. — Les signes des *complémens,* des *répétitions, oppositions*
et *réciprocités,* coupent et dépassent sensiblement en haut et
en bas la ligne de carrés que l'on suit.

Ponctuation. — **88.** — Les signes de ponctuation se font,
avec leurs caractères, sur les lignes de séparation les plus
voisines de la fin des mots qui les précèdent ; et il est convenable de signaler, comme au n° 84, le carré auquel ils appartiennent. Pour indiquer les repos qui ne seront pas très
marqués, on se contentera de passer au carré suivant. Pour
une fin d'alinéa, on laissera un carré en blanc.

Remarques importantes. — **89.** — Nous avons exposé l'en-
semble de notre système général ; il nous reste à ajouter ici
quelques observations et quelques avis utiles à consulter. Les
exercices que nous donnerons ensuite achèveront de mettre
au courant de notre méthode et nous fourniront l'occasion de
résoudre pratiquement le petit nombre de difficultés qui
pourraient encore se présenter.

Il est interdit de prendre une consonne locale dans les
carrés supérieurs ou dans les carrés inférieurs à celui où l'on
écrit ; néanmoins, si l'espace manquait pour terminer un
mot, on pourrait se servir de la ligne ou de la case du carré
adjacent supérieur ou inférieur, qui est la continuation de
celle où devrait aboutir la consonne liaison dans le carré où
l'on écrit, comme si c'était cette ligne ou cette case elle-
même, et la case ou la ligne auxiliaire n'en conserverait
pas moins toute sa valeur pour le carré auquel elle appartient.

Afin qu'on ne prenne point de semblables signes pour de la sténographie ordinaire, il faudra dépasser d'une manière remarquable la ligne de séparation des carrés, et quand les deux extrémités d'un mot se trouveront dans deux carrés différens, le commencement du mot sera dans celui des carrés dont le centre sera le plus éloigné de ce mot.

Il faudra que les traits soient bien définis, de manière à n'être pas confondus avec les consonnes liaisons, qui n'ont aucune signification locale, du n° 80.

Exemple : *Le père portera.*

Il faut éviter cette licence.

90. — Nous renvoyons à la fin du n° 33 pour le cas où deux lettres devraient être dirigées dans le même sens. Nous nous contenterons de rappeler que, si ce sont deux consonnes, on peut tracer leurs extrémités parallèles, en les séparant à peine, à la façon des deux *pa,* de *papa,* dans le même numéro.

91. — Tracez légèrement vos consonnes liaisons et ayez soin de réserver les renforcemens de lignes pour les cas où ils sont indiqués. Plusieurs modèles d'écriture de ce traité contiennent des traits un peu trop pleins pour l'écriture pratique. Ils n'ont été exécutés ainsi que dans un but d'apparence typographique.

Donnez à vos boucles une mince dimension, pour empêcher toute confusion avec le signe de la troisième personne.

Ne faites point vos consonnes liaisons trop petites, ni vos coupures, vos voyelles ou vos liquides trop grandes, pour qu'on ne puisse confondre les premières, avec les voyelles ou les liquides et les secondes avec les consonnes liaisons.

92. — Quand vous avez à indiquer une consonne case, faites aboutir, autant que possible, la fin de la consonne liaison qui s'y dirige, vers le milieu de la case ; car, comme dans l'écri-

ture cursive, on dépassera souvent la consonne ligne qu'on se proposera d'atteindre, il sera nécessaire de tenir compte de cet accident et de l'écart de but qui pourra en résulter, ce qui sera d'autant plus facile qu'on se conformera davantage aux conseils de cet alinéa.

93. — Marquez avec soin l'ordre de succession des mots, en prenant le centre du carré pour point de départ.

N'écrivez jamais rien dans le carré après un mot dont vous ne pouvez marquer le rang d'éloignement par rapport au centre.

94. — N'oubliez pas d'éloigner le plus que vous pourrez, des autres mots, les mots à une consonne locale qui n'ont qu'une lettre graphique, afin qu'on ne puisse les prendre, dans certains cas, pour des abréviations initiales, et dans d'autres pour de la sténographie ordinaire, conformément au principe déjà établi que le peu d'espacement des signes sans consonne liaison indique l'absence des consonnes locales.

95. — Interdisez-vous dans l'une et l'autre méthode les coupures résultant de mots dont l'un n'aurait qu'une seule lettre écrite, et qui pourraient présenter le faux aspect d'une abréviation.

96. — Ne perdez point de vue que la première consonne locale d'un monogramme est vers la partie qu'on a dû écrire la première, et la dernière, vers la fin de la dernière consonne liaison, quelque loin que s'étendent les autres lettres graphiques qu'on aura pu écrire en continuité avec elle.

97. — Renoncez, pour cette seconde partie de notre méthode, aux abréviations énoncées n° 41, surtout si vous vous dispensez d'écrire la voyelle qui suit la première consonne.

98. — Quand vous serez sténographe accompli, vous écrirez les signes des mots sans aucune idée des lettres qui les composent. Il en est ainsi en écriture ordinaire. Vous conce-

vez dès-lors qu'il vous sera facile de vous habituer à tracer, en commençant par la fin, ceux de ces signes qui se font avec difficulté en remontant. Il sera bien de vous y exercer de bonne heure.

99. — Donnez à votre écriture sténographique des dimensions un peu plus fortes que celles que nous a imposées le cadre de ce traité. Ne mettez pas, comme nous, beaucoup de mots dans le même carré ; mais passez toujours au suivant, quand ses lettres seront les plus à votre portée.

Servez-vous, suivant votre convenance, de carrés grands ou petits. Nous croyons les grands plus commodes. Faites marquer très sensiblement les lignes horizontales de séparation des carrés, et que les autres lignes soient très légères.

EXERCICES.

100. — Dans l'exercice qu'on va lire, nous écrivons la voyelle qui suit la première consonne du mot et les boucles des consonnes. Cet exercice contient la suite de la pièce extraite de M. Conen de Prépéan, dont le commencement a été sténographié dans la première partie de notre traité.

Les vices d'Alexandre étaient extrêmes comme ses vertus ; il était terrible dans sa colère : elle le rendait cruel. Il fit couper les pieds, le nez et les oreilles à Callisthène, ordonna qu'on le mît dans une cage de fer, et le fit porter ainsi à la suite de l'armée.

J'aimais Callisthène, et de tout temps, lorsque mes occupations me laissaient quelques heures

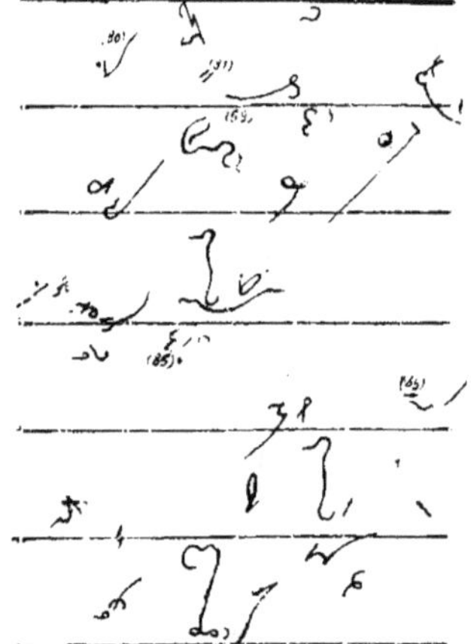

de loisir, je les avais employées
à l'écouter ; et si j'ai de l'amour
pour la vertu, je le dois aux
impressions que ses discours fai-
saient sur moi. J'allai le voir :
« Je vous salue, lui dis-je, illus-
tre malheureux que je vois dans
une cage de fer, comme on en-
ferme une bête sauvage, pour
avoir été le seul homme de l'armée. »

« Lysimaque, me dit-il, quand
je suis dans une situation qui
demande de la force et du courage, il me semble que je me
trouve presque à ma place. En
vérité, si les dieux ne m'avaient
mis sur la terre que pour y me-
ner une vie voluptueuse, je croi-
rais qu'ils m'auraient donné en
vain une âme grande et immor-
telle. Jouir des plaisirs des sens
est une chose dont tous les hommes sont aisément capables ; et
si les dieux ne nous ont fait que
pour cela, ils ont fait un ouvrage
plus parfait qu'ils n'ont voulu,
et ils ont plus exécuté qu'entre-
pris. Ce n'est pas, ajouta-t-il,
que je sois insensible : vous ne
me faites que trop voir que je
ne le suis pas. Quand vous êtes

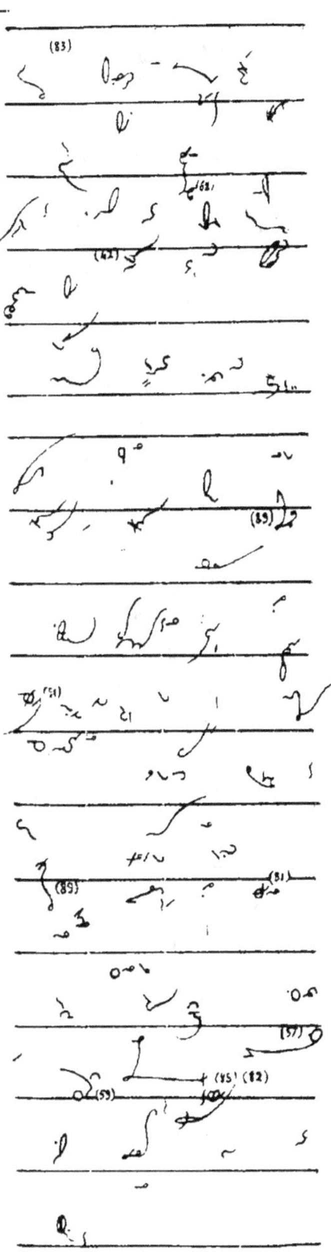

venu à moi, j'ai trouvé d'abord quelque plaisir à vous voir faire une action de courage. Mais, au nom des dieux, que ce soit pour la dernière fois ! Laissez - moi soutenir mes malheurs, et n'ayez pas la cruauté d'y joindre encore les vôtres. »

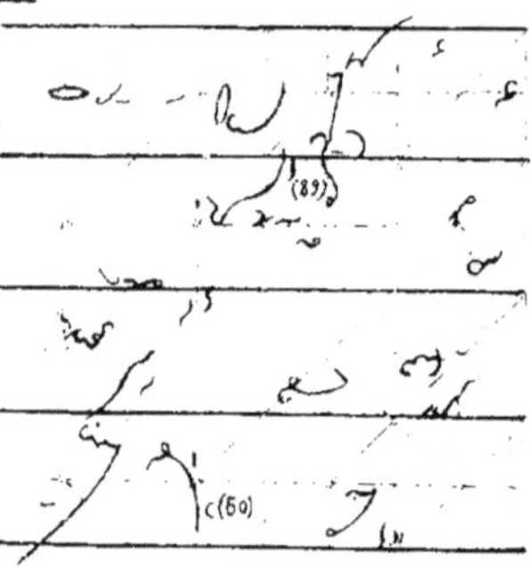

Dans ce qui suit, nous n'écrivons pas la voyelle qui vient après la première consonne de chaque mot ; mais nous conservons les boucles qui distinguent certaines consonnes. Une semblable écriture demeurera encore suffisamment lisible.

« Callisthène, lui dis-je, je vous verrai tous les jours. Si le roi vous voyait abandonné des gens vertueux, il n'aurait plus de remords, il commencerait à croire que vous êtes coupable. Ah ! j'espère qu'il ne jouira pas du plaisir de voir que ses châti-mens me font abandonner un ami. »

Un jour, Callisthène me dit : « Les dieux immortels m'ont con-solé, et depuis ce temps je sens en moi quelque chose de divin qui m'a ôté le sentiment de mes peines. J'ai vu en songe le grand Jupiter. Vous étiez auprès de lui ; vous aviez un sceptre à la main et un bandeau royal sur le front ;

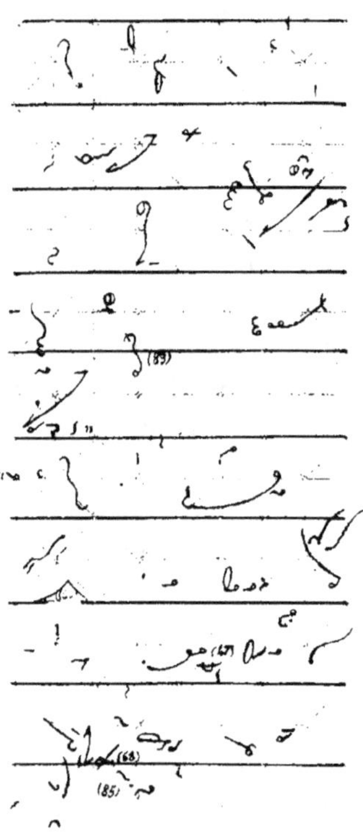

il vous a montré à moi et a dit : *Il te rendra plus heureux.* L'émotion où j'étais m'a réveillé ; je me suis trouvé les mains élevées vers le ciel et faisant des efforts pour dire : *Grand Jupiter, si Lysimaque doit régner, fais qu'il règne avec justice !*

» Lysimaque, vous régnerez : croyez un homme qui doit être agréable aux dieux, puisqu'il souffre pour la vertu. »

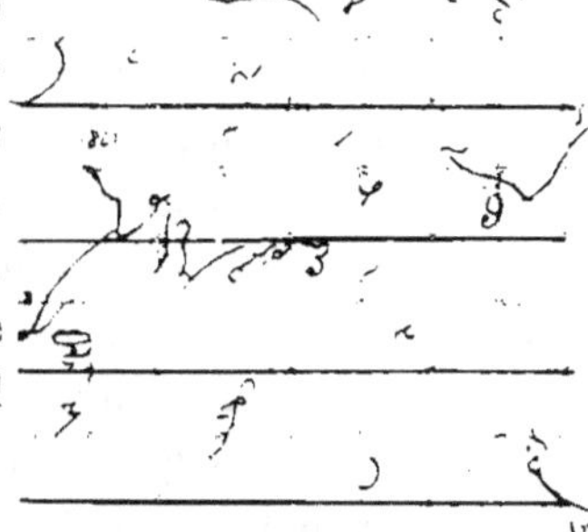

Nous allons terminer ces exercices par la sténographie de la dernière partie de la pièce commencée plus haut. Ici nous supprimerons non-seulement toutes les voyelles médiales, mais encore les boucles des consonnes. Nous aurons soin, pour différencier les consonnes similaires, de donner à celles qui devraient être bouclées une dimension non pas uniformément et absolument plus grande qu'à celles qui ne doivent pas l'être, mais relativement plus grande qu'elle ne pourrait être dans la circonstance donnée. Nous nous servirons, comme dans la première partie, des boucles pour représenter les *l* et les *r*.

La lecture d'une écriture ainsi abrégée n'étant pas toujours sans difficulté pour les personnes qui n'ont pas une grande habitude de la sténographie, nous laissons à chacun le soin de décider le moment où il pourra mettre à profit les dernières ressources de nos procédés. Quand son talent aura acquis ce degré de maturité, il n'y aura plus de rapidité de débit capable de le mettre en défaut.

Les voyelles nasales pourront ici s'indiquer sans boucle, et par le renforcement du trait des voyelles simples.

Cependant Alexandre, ayant appris que je respectais la misère de Callisthène, que j'allais le voir et que j'osais le plaindre, entra dans une nouvelle fureur. « Va, dit-il, combattre contre les lions, malheureux, qui te plais tant avec les bêtes féroces. »

On différa mon supplice pour le faire servir de spectacle à plus de gens. Le jour qui le précéda, j'écrivis ces mots à Callisthène : « Je vais mourir. Toutes les idées que vous m'avez données de ma future grandeur se sont évanouies de mon esprit. J'aurais souhaité d'adoucir les maux d'un homme tel que vous. » Prexape, à qui je m'étais confié, m'apporta cette réponse : « Lysimaque, si les dieux ont résolu que vous régniez, Alexandre ne peut vous ôter la vie ; car les hommes ne résistent point à la volonté des dieux. »

Cette lettre m'encouragea ; et, faisant réflexion que les hommes les plus heureux et les plus malheureux sont également environnés de la main divine, je résolus de me conduire, non par mes espérances, mais par mon courage, et de défendre jusqu'à la fin une vie sur laquelle il y avait de si grandes promesses. On me mena dans la carrière. Il y avait autour de moi un peuple immense qui venait être témoin de mon courage ou de ma lâcheté. On me lâcha un lion. J'avais plié mon manteau autour de mon bras : je lui présentai ce bras ; il voulut le dévorer : je lui saisis la langue, la lui arrachai et la jetai à mes pieds. Alexandre aimait naturellement les actions courageuses ; il admira ma résolution, et ce moment fut celui du retour de sa grande âme. Il me fit appeler, et, me tendant la main : « Lysimaque, me dit-il, je te rends mon amitié ; rends-moi la tienne. Ma colère n'a servi qu'à te faire faire une action qui manque à la vie d'Alexandre. » Je reçus les grâces du roi ; j'adorai les décrets des dieux ; j'attendis leurs promesses sans les rechercher ni les fuir. etc.

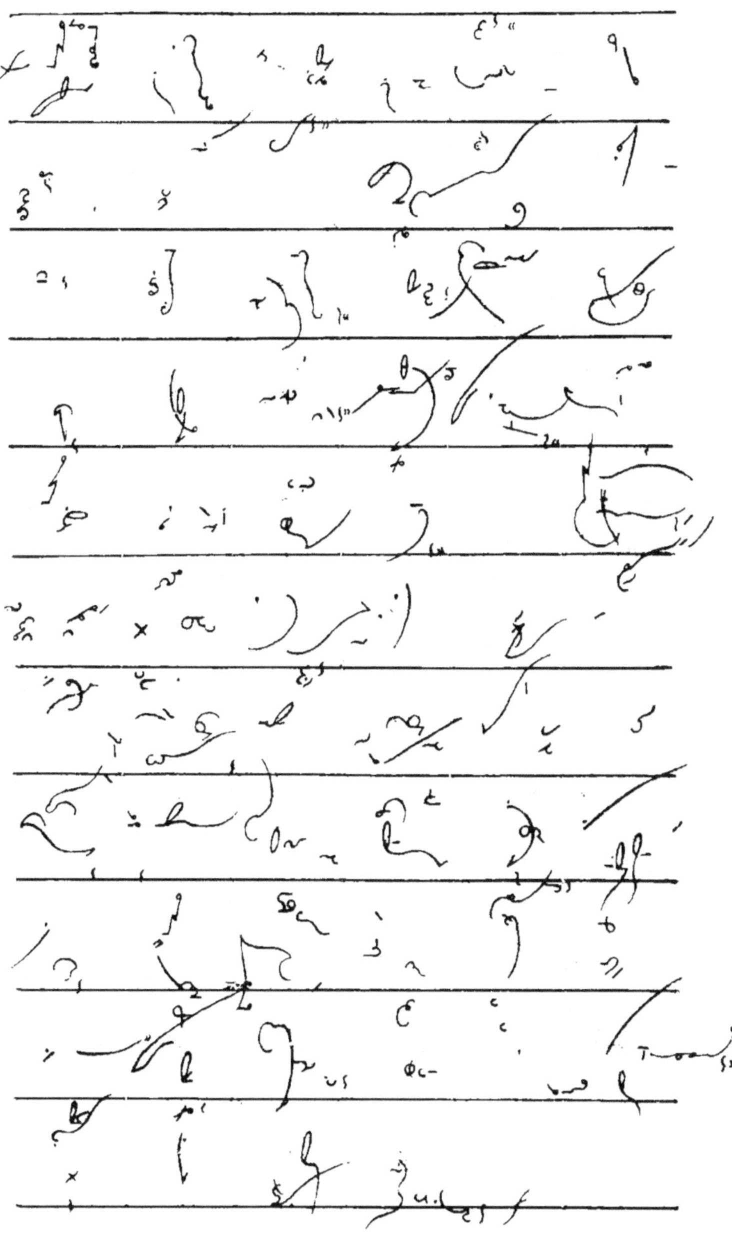

MANIÈRE DE FORMER DES STÉNOGRAPHES

DE TOUS LES ÉLÈVES D'UNE CLASSE, SANS PERTE DE TEMPS POUR LA
CLASSE, SANS QUE LES AUTRES ENSEIGNEMENS EN SOUFFRENT, ET
SANS QUE LE PROFESSEUR AIT BESOIN DE CONNAÎTRE PRATI-
QUEMENT LA STÉNOGRAPHIE.

Les personnes qui voudront étudier seules la sténographie
d'après notre traité trouveront, dans les deux premières parties, la solution directe ou indirecte de toutes les difficultés
que peut offrir ce genre d'écriture. Elles consulteront néanmoins avec fruit les instructions suivantes, que nous avons
rédigées principalement pour les maisons d'instruction où l'on
voudrait l'enseigner.

A l'un des momens perdus de la classe, le professeur, qui,
dans tous les cas, aura soin de lire à l'avance l'objet de l'enseignement de chaque jour, formera et fera former après lui
par les élèves, sur un grand tableau noir, les différens caractères de notre alphabet. Avec les moyens mnémoniques que
nous avons indiqués, les élèves les graveront dans leur mémoire en une seule leçon. (Ceux d'entre eux qui n'auraient
point notre traité entre les mains devront être munis d'un
cahier pour prendre note de chaque enseignement nouveau.)
Une fois l'alphabet bien connu, on leur fera tout de suite écrire
des mots ; ce sera le meilleur moyen de leur apprendre comment les voyelles médiales et finales peuvent être représentées
par la position des consonnes. Comme on aura écrit plusieurs
mots sur le tableau, on s'exercera à la lecture en intervertis-
sant leur ordre. A dater de ce moment, les élèves rédigeront
en sténographie, mais sans faire usage encore des abrévia-

tions, une partie de l'un des doubles originaux de leurs transcriptions, d'abord une ligne, puis deux, puis trois, puis la moitié, et enfin la totalité. Comme le plus souvent le professeur n'aura pas lui-même le temps de se former à la pratique de ce genre d'écriture, il s'assurera que tout le devoir est contenu dans les copies, en les faisant lire aux élèves et suivant lui-même sur leurs cahiers, qu'il aura ainsi l'occasion de visiter. La lecture est du reste un exercice indispensable. Elle serait un peu lente dans le commencement, si le professeur n'aidait avec le cahier de l'élève. On pourra se contenter, dans ce cas, de faire lire quelques phrases. Les élèves se formeront bien vite à cette lecture, surtout si on les astreint à écrire en sténographie toutes les matières des devoirs écrits, même les pièces latines, ce qu'il ne faudra faire toutefois que du moment où ils commenceront à écrire en sténographie plus vite qu'en écriture ordinaire.

On n'enseignera les abréviations, du moins celles qui sont un peu compliquées, que lorsque toute la classe formera bien correctement à main posée et reconnaîtra facilement les syllabes des mots. Qu'on se garde d'en démontrer un trop grand nombre à la fois, pour ne pas encombrer la mémoire des enfans ou décourager leur curiosité. Il faudra qu'ils s'astreignent à faire toutes les abréviations qu'on leur aura enseignées.

Qu'on prenne bien garde à ne commencer l'écriture cursive que quand la main sera habituée à des formes de lettres régulières. Mais du moment qu'on l'aura commencée, que le professeur ne se contente plus des rédactions des devoirs, et qu'il fasse faire sous sa dictée des exercices aux momens qu'il pourra prendre sur le temps de la classe, et en ayant soin qu'on les relise séance tenante. Au bout d'un an, les élèves ainsi formés prendront facilement à deux l'improvisation ou la récitation d'un orateur. Cette expérience a été faite avec un plein succès dans l'établissement d'instruction que dirige avec son frère l'auteur de ce traité.

On ne commencera notre seconde partie que quand on sera arrivé au degré de force dont nous venons de parler, parce que certains mots devront être écrits en sténographie ordinaire. On l'enseignera, du reste, de la même manière que la première. L'enseignement en sera très rapide.

Nous conseillons aux chefs des maisons d'instruction de se charger eux-mêmes de cet enseignement, ou d'en charger un maître influent ; car il est souvent difficile d'obtenir de tous les professeurs un degré de préparation convenable pour les choses qu'ils montrent. Les cours se feraient alors le jeudi et le dimanche. Nous devons ajouter ici que les préparations du professeur demanderont peu de temps, nos signes étant très faciles à exécuter à main posée avec de la craie. Sa tâche se simplifiera d'ailleurs considérablement s'il met notre livre entre les mains des élèves. Les autres professeurs, non chargés de l'enseignement théorique, devront se conformer aux prescriptions de ce traité, qui n'y sont point relatives, et n'auront besoin pour cela d'avoir aucune notion de sténographie : c'est ce qui se pratique sans le moindre inconvénient dans la pension Couvrat.

On pourra enseigner la sténographie dans toutes les classes où l'on n'a pas besoin de donner une très grande attention à la perfection des transcriptions.

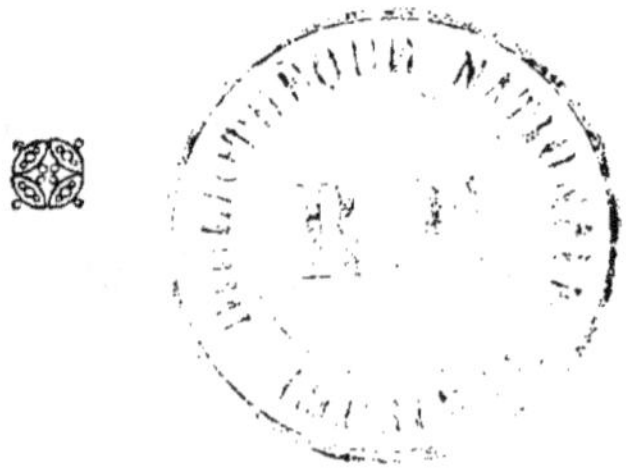